BIBLIOTEKA »REČ I MISAO«
KNJIGA 434

M. VALERIJE MARCIJAL

EPIGRAMI

IZDAVAČKO PREDUZEĆE »RAD«
BEOGRAD, 1990.

IZVORNIK

Marcus Valerius Martialis

EPIGRAMMES

Izbor i prevod
GORDAN MARIČIĆ
VOJIN NEDELJKOVIĆ

Urednici
JOVICA AĆIN
DRAGAN LAKIĆEVIĆ

I 1

Hic est quem legis ille, quem requiris,
toto notus in orbe Martialis
argutis epigrammaton libellis:
cui, lector studiose, quod dedisti
uiuenti decus atque sentienti,
rari post cineres habent poetae.

Evo mene, Marcijala, čuvenog poete:
svet me beli voli celi, zna me svako dete,
   za mene pitaš,
   od mene čitaš
   stihove pitke,
   stihove britke.
   Ta tvoja hvala
   što si mi dala,
   što krasi me slava
   živa i zdrava,
   takvoga traga,
   publiko draga,
ostavi malo koji poeta,
čak i kad dopadne onoga sveta.

VI 66

Famao non nimium bonae puellam,
quales in media sedent Subura,
uendebat modo praeco Gellianus.
Paruo cum pretio diu liceret,
dum puram cupit adprobare cunctis,
adtraxit prope se manu negantem
et bis terque quaterque basiauit.
Quid profecerit osculo requiris?
Sescentos modo qui dabat negauit.

Devojku ne baš dobre reputacije
htede da proda putem licitacije.
Dugo su nuđene vrlo niske cene,
pa on, želeć' da u čednost mlade žene
uveri sve mušterije okupljene,
nekol'ko je puta poljubi pred svima.
Da li sad promena u ponudi ima?
    Baš je povučena
    maksimalna cena.

I 46

Cum dicis »Propero, fac si facis«, Hedyle,
                               languet
  protinus et cessat debilitata Venus.
Expectare iube: ullocius ibo retentus.
  Hedyle, si properas, dic mihi ne properem.

    Kad rekne:
    »Već jednom turi,
    meni se žuri!« –
    odmah kvekne
    moja ponosita čuka
    i u nemoći se bruka.
    Reci mi »Polako!«,
    biću brži tako.
      Bato, ako se tebi negde hita,
      reci mi da mi spora bude kita.

XI 77

In omnibus Vacerra quod conclauibus
consumit horas et die toto sedet,
cenaturit Vacerra, non cacaturit.

On u svaki javni klozet seda,
al' ne zato što ga proliv muči.
 Taj čovek naime čeka nekog
 da ga na ručak pozove kući.

XII 16

 Addixti, Labiene, tres agellos;
 emisti, Labiene, tres cinaedos:
 pedicas, Labiene, tres agellos.

Prodao si tri dobarca,
kupio si tri muškarca;
jebeš zguza tri dobarca.

III 8

»Thaida Quintus amat.« »Quam Thaida?«
  »Thaida luscam.«
Vnum oculum Thais non habet, ille duos.

Joku voli Sloba.
Ama koju Joku?
Onu, bre, bezoku.
Joka je bez jednog oka,
ali Sloba nema oba.

XI 87

Diues oras quondam: sed tune pedico fuisti
  et tibi nulla diu femina nota fuit.
Nunc sectaris anus. O quantum cogit egestas!
  Illa fututorem te, Charideme, facit.

Ej, Radojko, dok si bogat bio
klincima si zguza prilazio.
Ti koji nisi ni šljivio žene
sada babe juriš, kuku mene!
Sirotinja od svega je jača:
napravila od tebe jebača.

VI 8

Praetores duo, quattuor tribuni,
septem causidici, decem poetae
cuiusdam modo nuptias petebant
a quodam sene. Non moratus ille
praeconi dedit Eulogo puellam.
Dic, numquid fatue, Seuere, fecit?

Dva predsednika sindikata,
tri doktora, četiri prvoborca,
šest pisaca, sedam advokata
prosili ćerku jednog matorca.
Al' bez dileme devojku tata
dade za Šefćeta slastičara.
Šta mislite, da li ga pamet vara?

IX 33

Audieris in quo, Flacce, balneo plausum,
Maronis illic esse mentulam scito.

Pitaš se: Čemu toliki aplauz?
Šta to u kupatilu može biti?
Ne mozgaj mnogo, to je bar jasno:
narod se divi Vasinoj džin-kiti.

III 9

Versiculos in me narratur scribere Cinna:
 Non scribit cuius carmina nemo legit.

   Priča se da si protiv mene
   napisao stihić pokoji.
   Onaj čije pesme ne čita
   niko, kô pesnik ne postoji.

IX 4

Aureolis futui cum possit Galla duobus
 et plus quam futui, si totidem addideris:
aureolos a te cur accipit, Aeschyle, denos?
 non fellat tanti Galla. Quid ergo? Tacet.

Jedan jeb kod Gale košta zlatnika dva.
Još dva te staje dalja usluga njena.
Zašto ti, druže, plaćaš deset, kad se zna
da joj je za fafaž mnogo niža cena?
Plaćaš, dakle, da ćuti kô zalivena.

II 42

Zoile, quid solium subluto podice perdis?
 Spurcius ut fiat, Zoile, merge caput.

Što pirkaš dupe, nisi u pravu,
 jer trošiš sapun preko mere.
Bolje u bide nabij glavu:
 više će biti da se pere.

IV 21

Nullos esse deos, inane caelum
adfirmat Segius: probatque, quod se
factum dum negat haec, uidet beatum.

    Oni nam tvrde na bazi marksizma:
    Bog ne postoji, nebesa su prazna.
    Sami su dokaz svog ateizma:
    još uvek ih nije sustigla kazna.

II 60

Vxorem armati futuis, puer Hylle, tribuni,
   supplicium tantum dum puerile times.
Vae tibi? dum ludis, castrabere. Iam mihi
                               dices
»Non licet hoc.« Quid? tu quod facis, Hylle,
                                 licet?

    Dečko, jebeš ženu drugu generalu.
    Misliš da za klinca ne postoji kazna.
    Avaj! kastriraće te ako sazna,
    prekinuće tvoju ševu i šalu.
    »To nije u redu« – već čujem gde kukaš.
    A u redu je kad mu ženu fukaš?

X 16

Dotatae uxori cor harundine fixit acuta,
 sed dum ludit Aper: ludere nouit Aper.

    Srca strelom probodena
    njegova bogata žena
    u igri je ubijena.
    Sem što dobro strelom barata,
    uopšte je vešt ovaj bata.

XI 25

Illa salax nimium nec paucis nota puellis
 stare Lino desît mentula. Lingua, caue.

    Ovaj prčeviti kića
    dobro poznat kod pičića
    da se digne neće moći.
    Jeziče, ti ćeš pomoći!

VII 30

Das Parthis, das Germanis, das Caelia, Dacis,
   nec Cilicum spernis Cappadocumque toros;
et tibi de Pharia Memphiticus urbe fututor
   nauigat, a rubris et niger Indus aquis;
nec recutitorum fugis inguina Iudaeorum,
   nec te Sarmatico transit Alanus equo.
Qua ratione facis, cum sis Romana puella,
   quod Romana tibi mentula nulla placet?

   Daješ se Bosancu,
   daješ se Albancu,
   na svoja vrata
   primaš Hrvata,
   Crnogorac iz Bara
   za picu ti se stara,
   Slovenac iz Kranja
   kao zver te ganja,
   kao od šale
   jebu te Lale.
   Narodnosti razne
   u tebi se prazne.
   Fukaju te i stranci –
   Englezi i Amerikanci.
   Zašto se kao rođena Srpkinja brukaš
   i samo sa Srbinom nećeš da se fukaš?

XI 100

Habere amicam nolo, Flacce, subtilem,
cuius lacertos anuli mei cingant,
quae clune nudo radat et genu pungat,
cui serra lumbis, cuspis eminet culo:
sed idem amicam nolo mille librarum.
Carnarius sum, pinguiarius non sum.

Baš mi je mrska ona ženska vrsta
čije su ruke tanje od mog prsta:
kad padne bluza, zagrebe me guza,
a koleno me ubode do suza.
Kad krenem spreda – testera ne da,
na frontu stražnjem brani se ražnjem.
Al' nemam, brate, volje ni snage
ni za pola tone žive vage.
    Dobro meso ja bih kresô,
    ali mast nije mi slast.

XI 93

Pierios uatis Theodori flamma penates
  abstulit. Hoc Musis et tibi, Phoebe, placet?
O scelus, o magnum facinus crimenque
                              deorum,
  non arsit pariter quod domus et dominus!

Dom tog pesnika gde se Pijerke stane,
možda voljom Muza, izgoreo je ceo.
Zar si i ti, Apolone, tako hteo?
Strašno je zacelo ovo mrsko delo,
i odluka bogova da kada dom plane
    i izgori sasvim,
        pesnik ne plane s njim.

III 28

Auriculam Mario grauiter miraris olere.
  Tu facis hoc: garris, Nestor, in auriculam.

Malo žešće kandi Marijeva ušna školjka.
Od tvojih tračeva stvorila se gnojna boljka.

II 62

Quod pectus, quod crura tibi, quod bracchia
          uellis,
quod cincta est breuibus mentula tonsa
         pilis,
hoc praestas, Labiene, tuae – quis nescit?
         – amicae.
Cui praestas, culum quod, Labiene, pilas?

  To što briješ noge, ruke i grudi,
  i što oko kite dlačice štucaš,
  to je da se tvoja riba izludi;
  al' kad briješ dupe, na koga pucaš?

I 83

Os et labra tibi lingit, Manneia, catellus:
non miror, merdas si libet esse cani.

  Lice i usne liže ti psetance.
  Ne čudim se što pas voli govance.

III 51

Cum faciem laudo, cum miror crura
                              manusque,
  dicere, Galla, soles »Nuda placebo magis«,
et semper uitas communia balnea nobis.
  Numquid, Galla, times ne tibi non placeam?

Kad hvalim tvoje lice, ruke, lepotu nogu,
kažeš: »Gola ti se još više dopasti mogu.«
A nikad se sa mnom, Gala, okupala ne bi.
Plašiš se, možda, da se ja ne bih dopao tebi?

I 38

Quem recitas meus est, o Fidentine, libellus:
  sed male cum recitas, incipit esse tuus.

    Ta knjiga što čitaš za svoje društvo,
       sve su to stihovi moji.
    Ali kad sričeš pa zapneš, uštvo,
       izgledaju ko da su tvoji.

V 33

Carpere causidicus fertur mea carmina: qui
                                                                  sit
nescio. Si sciero, uae tibi, causidice.

    Čujem da stvari ovako stoje:
       nekog advokata
       manija hvata
    da kritikuje stihove moje.
    Ja još uvek ne znam ko je,
    al' kad saznam, sigurno je:
       Jadni advokatiću,
       tebe ja umlatiću!

IV 50

Quid me, Thai, senem subinde dicis?
Nemo est, Thai, senex ad irrumandum.

Zašto mi non-stop pričaš da sam star?
    Niko nije star
    da mu puše kar.

I 34

Incustoditis et apertis, Lesbia, semper
  liminibus peccas nec tua furta tegis,
et plus spectator quam te delectat adulter
  nec sunt grata tibi gaudia si qua latent.
At meretrix abigit testem ueloque seraque
  raraque Submemmi fornice rima patet.
A Chione saltem uel ab Iade disce pudorem:
  abscondunt spurcas et monumenta lupas.
Numquid dura tibi nimium censura uidetur?
  Deprendi ueto te, Lesbia, non futui.

Nečuvana i otvorena vrata stoje
kad ti, Lezbijo, primaš ljubavnike svoje.
Više od partnera voajer te uzbudi:
Zašto uživaš tek kad te gledaju ljudi?
Kurtizana će zastor i rezu navući;
malo ima pukotina u javnoj kući.
Nek te pouči kurva koja ima stida –
i najgora se droca krije iza zida.
Da li ti moje primedbe izgledaju odveć
                                         stroge?
Zameram ti što te zatičem, ne što ti dižu noge!

VI 15

Dum Phaetontea formica uagatur in umbra,
　inplicuit tenuem sucina gutta feram.
Sic modo quae fuerat uita contempta manente,
　funeribus facta est nunc pretiosa suis.

U senci topole lutô je mrav, buba mala,
kad ga zarobi kap ambre što je na nj pala.
I eto tako – on, za života preziran,
　svojom smrću posta dragocen u ovaj dan.

IV 24

Omnes quas habuit, Fabiane, Lycoris amicas
　extulit: uxori fiat amica meae.

Ona je pogrebla sve drugarice svoje.
Kad bi bar htela biti drugarica žene moje.

VI 33

Nil miserabilius, Matho, pedicone Sabello
uidisti, quo nil laetius ante fuit.
Furta, fugae, mortes seruorum, incendia,
                                      luctus
adfligunt hominem, iam miser et futuit.

    Niko nije većeg žaljenja sad vredan,
    a veseljak beše dupejebac jedan.
    Smrt robova, grabež,
    bekstva, sprovod, palež,
    sve ga to potreslo i sve to ga smara:
    i žene je, jadnik, počeo da kara.

III 34

Digna tuo cur sis indignaque nomine, dicam.
  Frigida es et nigra es: non es et es Chione.

    Tvoje ti ime ne priliči,
    ali te opet s pravom resi.
    Ti si crna i ti si hladna –
    Snežana i nisi i jesi.

XII 34

Triginta mihi quattuorque messes
tecum, si memini, fuere, Iuli;
quarum dulcia mixta sunt amaris
sed iucunda tamen fuere plura;
et si calculus omnis huc et illuc
diuersus bicolorque digeratur,
uincet candida turba nigriorem.
Si uitare uelis acerba quaedam
et tristis animi cauere morsus,
nulli te facias nimis sodalem:
gaudebis minus et minus dolebis.

Ako se dobro sećam, mi smo, u stvari,
zajedno već tries' čet'ri leta, stari.
Slatki su i gorki bili dani naši,
al' prijatnost, ipak, gorčinu nadmaši.
I kad bi se računi kamiččima sveli,
od crnih bi brojniji bili beli.
Ako ne želiš da te tuga sludi,
ukoliko nećeš da te jad skoli
– s muškarcem odveć blizak ne budi:
biće manje sreće, ali manje boli.

XI 63

Spectas nos, Philomuse, cum lauamur,
et quare mihi tam mutuniati
sint leues pueri subinde quaeris.
Dicam simpliciter tibi roganti:
pedicant, Philomuse, curiosos.

Čim ja dođem s društvom na kupanje,
bleneš, priđeš, postaviš pitanje
što dovodim pratioce mlade,
sve bez brade, uda ponosita.
Reći ću ti koju radnju rade:
ko upita, sleduje mu kita.

XI 64

Nescio tam multis quid scribas, Fauste,
                                              puellis:
  hoc scio, quod scribit nulla puella tibi.

        On mnogim curama piše.
        Ja stvarno ne znam o čemu.
        Znam tek da nijedna od njih
        nikad ne otpiše njemu.

VII 58

Iam sex aut septem nupsisti, Galla, cinaedis,
　　dum coma te nimium pexaque barba iuuat;
deinde experta latus madidoque simillima
　　　　　　　　　　　　　　　　　　loro
　　inguina nec lassa stare coacta manu,
deseris inbelles thalamos mollemque
　　　　　　　　　　　　　　　　maritum,
　　rursus et in similes decidis usque toros.
Quaere aliquem Curios semper Fabiosque
　　　　　　　　　　　　　　　　loquentem,
　　hirsutum et dura rusticitate trucem:
inuenies; sed habet tristis quoque turba
　　　　　　　　　　　　　　　　cinaedos:
　　difficile est uero nubere, Galla, uiro.

　　Pošto negovanoj kosi i bradi težiš,
　　već sa sedmim pešom u postelji ležiš.
　　Kad umetnike zgrabe ruke tvoje,
　　premda im tajlandsku masažu pruže,
　　njihove kite neće da stoje
　　i liče na neko mokro uže.
　　Pa napuštaš postelju netaknuta,
　　svog mlohavka ostavljaš, ljuta

– da bi ti se greška ova
dogodila snova.
Al' pokušaj, Gala, na drugoj strani,
tamo gde su fudbalski huligani.
I mada ti se čini da sad sve štima
– pazi! I u toj gruboj raji ima
melanholična seka-persa poneka.
Teško je, Gala, naći pravog čoveka.

IV 7

Cur, here quod dederas, hodie, puer Hylle,
          negasti,
 durus tam subito qui modo mitis eras?
Sed iam causaris barbamque annosque
          pilosque.
 O nox quam longa es quae facis una senem!
Quid nos derides? here qui puer, Hylle, fuisti,
 dic nobis, hodie qua ratione uir es?

Zašto ti se, prijatelju mladi,
jučerašnja radnja danas ne radi?
Zbog čega si postô surov i prek,
ti, koji si juče bio blag i mek?
Kažeš mi da su prilike tak'e
– stigle te godine, brada i dlake.
Duga noći, ti si od dečarca
napravila matorog muškarca.
Dečko, ne zezaj, već odgovori –
kako se od klinca tu čovek stvori.

IV 71

Quaero diu totam, Safroni Rufe, per urbem,
 si qua puella negat: nulla puella negat.
Tamquam fas non sit, tamquam sit turpe
negare,
 tamquam non liceat, nulla puella negat.
Casta igitur nulla est? Sunt castae mille. Quid
ergo
 casta facit? Non dat, non tamen illa negat.

Obišô sam ceo grad, ulice, sokake sve,
 i nema devojke te
 koja bi rekla »ne«.
Kao da to nije dolično,
 da nije u redu i slično,
kô da su se sva zla u jednoj reči stekla –
ne, nema te devojke koja bi »ne« rekla.
 Ima li onda ijedna čedna?
 Pitao sam se i ja.
 Hiljade su čedne. Čedna ne daje, al' i ne
odbija.

IX 21

Artemidorus habet puerum sed uendidit
agrum;
agrum pro puero Calliodorus habet.
Dic uter ex istis melius rem gesserit, Aucte:
Artemidorus amat, Calliodorus arat.

>Prodô je zemlju, a čuva roba mlada.
>Drugi mesto roba uze zemlju sada.
>Reci kome je bolje, a kome gore;
>prvi vodi ljubav, drugi opet ore.

VI 36

Mentula tam magna est quantus tibi, Papyle,
nasus,
ut possis, quotiens arrigis, olfacere.

>Koliko ti je velik nos,
>toliku imaš i pišu.
>Pa kad god se kurac digne,
>mogu da se pomirišu.

IV 38

Galla, nega: satiatur amor nisi gaudia
                                    torquent:
sed noli nimium, Galla, negare diu.

Gala, reci »ne«. Ljubav se zasiti,
ako mukom uživanja ne plati.
Ali ipak nemoj odveć časiti
sa danom kada ćeš mi, Gala, dati.

II 38

Quid mihi reddat ager quaeris, Line,
                                Nomentanus?
Hoc mihi reddit ager: te, Line, non uideo.

Pitaš me zašto često skoknem do vikendice.
Zato što tamo ne mogu da ti vidim lice.

VI 45

Lusistis, satis est: lasciui nubite cunni:
permissa est uobis non nisi casta Venus.
Haec est casta Venus? nubit Laetoria Lygdo:
turpius uxor erit quam modo moecha fuit.

    Počujte me, nestašni pičići:
    zeman došô, valja se udati,
    svaka svoje da okaje grehe.
    Tako li se gresi okajaše?
    Dali Joku za matorog Đoku:
    što se mala dosad pofukala,
    sve je šala – hvatala je zjala.
    Tek se sada na kurvanje dala.

III 88

Sunt gemini fratres, diuersa sed inguina
                                        lingunt:
dicite, dissimiles sunt magis an similes?

    Dva brata blizanca jezikom
    različite polove traže.
    Da li se oni razlikuju
    il' su slični, neka se kaže.

XI 87

Multis iam, Lupe, posse se diebus
pedicare negat Charisianus.
Causam cum modo quaererent sodales,
uentrem dixit habere se solutum.

       Kaže, Vuče, drugar Peca,
       da ne može da se keca.
       Kad jarani razlog traže,
       »Imam proliv« – on im kaže.

III 71

Mentula cum doleat puero, tibi, Naeuole,
                                          culus,
non sum diuinus, sed scio quid facias.

       Tvog mladog roba boli muškost,
       a tebi, pak, guzica bridi.
       Vidovit nisam, al' šta radiš,
       može odlično da se vidi.

V 43

Thais habet nigros, niueos Laecania dentes.
Quae ratio est? Emptos haec habet, illa
suos.

Jednoj su zubi beli kô sneg,
drugoj su opet crne boje.
Kako? Prva nosi veštačke,
a druga žena čuva svoje.

III 70

Moechus es Aufidiae, qui uir, Scaeuine, fuisti:
riualis fuerat qui tuus, ille uir est.
Cur aliena placet tibi, quae tua non placet,
uxor?
numquid securus non potes arrigere?

Tvoj eks suparnik, muž je tvoje bivše žene.
A ti, sad ljubavnik, mariš za čari njene.
Zašto te sada kad je tuđa, želja stiže?
Dok si bio bez brige ne hte da se diže!?

VII 83

Eutrapelus tonsor dum circuit ora Luperci
expingitque genas, altera barba subit.

Bradu briči Obrad berberine,
briči bradu, lice obigrava.
Preko puta obraz dok prebrine,
na prvome već izbila trava.

IV 48

Percidi gaudes, percisus, Papyle, ploras:
cur, quae uis fieri, Papyle, facta doles?
Paenitet obscenae pruriginis? an magis illud
fles, quod percidi, Papyle, desieris?

Vrlo ga rado primaš u guzu,
al' posle jebanja puštaš suzu.
Koje te stvari muče i brinu
po obavljenom ljubavnom činu?
Da l' se zbog prljave strasti kaješ?
Il' plačeš što bi još da se daješ?

II 31

Saepe ego Chrestinam futui. Det quam bene
                                    quaeris?
Supra quod fieri nil, Mariane, potest.

      Pitaš za tu trebu,
      kakva je u jebu?
      Ta se tako daje –
      da ti pamet staje.

I 37

Ventris onus misero, nec te pudet, excipis
                                        auro,
Basse, bibis uitro: carius ergo cacas.

      Svoja creva prazni ovaj bata
      – o srama – u peharu od zlata.
      Iz staklenog pehara on pije
      – govno mu je od pića vrednije.

III 32

An possim uetulam quaeris, Matrinia: possum
et uetulam, sed tu mortua, non uetula es;
possum Hecubam, possum Niobam, Matrinia,
         sed si
nondum erit illa canis, nondum erit illa
           lapis.

Pitaš me da l' bih mogô da kresnem neku
         ženu staru?
Staru da, al' tebe ne, pošto u leš ne stavljam
         karu.
Ni Hekuba, ni Nioba bez jeba ne bi ostale,
samo da nisu kuja, odnosno kamen
         postale.

I 94

Cantasti male, dum fututa es, Aegle.
Iam cantas bene: basianda non es.

 Ona nije znala da peva
 sve dok nam je trajala ševa.
 Sada već peva sasvim lepo,
 pa je ja više ne bih cepô.

X 55

Arrectum quotiens Marulla penem
pensauit digitis diuque mensa est,
libras, scripula sextulasque dicit;
idem post opus et suas palaestras
loro cum similis iacet remisso,
quanto sit leuior Marulla dicit.
Non ergo est manus ista, sed statera.

Kad god dignutu kitu prstima važe,
Marica težinu u gramima kaže.
I pošto faćkanje i rvanje stane,
a kita kao opušten remen pa'ne,
    ona meri ručno
    i kazuje stručno
    kol'ko grama čini
    gubitak u težini.
Nema ruku ova žena,
kad je kantar ruka njena.

II 47

Subdola famosae moneo fuge retia moechae,
  leuior o conchis, Galle, Cytheriacis.
Confidis natibus? Non est pedico maritus;
  quae faciat duo sunt: irrumat aut futuit.

Opominjem te – beži!
Izmakni ovoj mreži
koju preljubnica oko tebe stere:
ti, s kožom glađom od školjki Venere.
Ne uzdaj se u svoju stranu zadnju,
pošto njen muž ne voli tu radnju.
On, druže stari, zna tek za dve stvari:
jebe ženu i žena mu pušikari.

XI 19

Quaeris cur nolim te ducere, Galla? Diserta
                                              es.
  Saepe soloecismum mentula nostra facit.

Neću, Gala, neću te za para
zbog te tvoje učenosti teške.
Moja kara kad počne da džara,
često pravi jezičke pogreške.

II 25

Das numquam, semper promitis, Galla,
                                    roganti:
si semper fallis, iam rogo, Galla, nega.

Kad tražiš, Gala ti nikad ne da,
mada, naravno, uvek obeća.
Molim te, Gala, odsad reci »ne«,
šansa za »da« možda bude veća.

XII 58

Ancillariolum tua te uocat uxor, et ipsa
lecticariola est: estis, Alauda, pares.

Muž za bedinerkama trči,
Žena se s vozačima mrči.
Kad već stvari tako stoje
– potpuno su isti njih dvoje.

XII 88

Tongilianus habet nasum, scio, non nego. Sed
iam
nil praeter nasum Tongilianus habet.

Da on ima nos – to znam
i ja to ne negiram.
Samo što ovaj gosa
nema ništa sem nosa.

IX 69

Cum futuis, Polycharme, soles in fine cacare.
Cum pedicaris, quid, Polycharme, facis?

Kad jebeš, ti obično na kraju
pustiš govance iz guzne rupe.
A šta radiš, prijatelju vrli,
kada te neko jebe u dupe?

III 64

Sirenas hilarem nauigantium poenam
blandasque mortes gaudiumque crudele,
quas nemo quondam deserebat auditas,
fallax Vlixes dicitur reliquisse.
Non miror: illud, Cassiane, mirarer,
si fabulantem Canium reliquisset.

Sirena, tih veselih mornarskih muka,
te slatke smrti, tih surovih slasti,
čijeg se niko ne nasiti zvuka,
Odisej se lukavi uspeo spasti.
E, ali ne bi umakô čiča
kad naš drug Pera viceve priča.

XI 62

Lesbia se iurat gratis numquam ese fututam.
 Verum est. Cum futui uult, numerare solet.

Lezbija kaže: »Keve mi moje,
ja se nikad ne jebem badava!«
Što jes', jes' – stvari tako i stoje:
plati kad hoće da se jebava.

VI 60/61

Laudat, amat, cantat nostros mea Roma
libellos,
meque sinus omnes, me manus omnis
habet.
Ecce rubet quidam, pallet, stupet, oscitat,
odit.
Hoc uolo: nunc nobis carmina nostra
placent.

Rim me ceni, slavi. Ljudi su puni hvale –
u džepu il' ruci im moje knjige male.
Od njih jedan bledi, drugi opet crveni,
nekom su dosadne, neki su zapanjeni.
A u nekima, pak, one mržnju nagone.
Upravo sam ovako i hteo –
sad mi se sviđa moj opus ceo.

III 96

Lingis, non futuis meam puellam
et garris quasi moechus et fututor.
Si te prendero, Gargili, tacebis.

      S tobom moja treba
      prolazi bez jeba.
      Tek jezikom je radiš,
      a ovamo se gradiš
      da frajer si što sve zna
      i što svaku bi karnô.
      Al' ako te zgrabim ja,
      umiriću te stvarno.

II 50

Quod fellas et aquam potas, nil, Lesbia,
                                      peccas:
  qua tibi parte opus est, Lesbia, sumis
                                      aquam.

      U tom što fafaš i piješ vodu,
      ja ne vidim nikakvu manu.
      Ti jednostavno primaš vodu
      na sasvim primerenu stranu.

II 65

Cur tristiorem cernimus Saleianum?
»An causa leuis est?« inquis, »extuli uxorem.«
O grande fati crimen! O gravem casum!
Illa, illa diues mortua est Secundilla,
centena decies quae tibi dedit dotis?
Nollem accidisset hoc tibi, Saleiane.

Šta je s gospodinom Vasojevićem? Izgleda
                                                  nešto tužan?
»Uputih, kaže, poslednje zbogom svojoj
                                                životnoj druzi.«
Oh, kako se sudbina surovo igra! Kako je
                                                život ružan!
Ta divna žena, pravo bogatstvo! Zar za njom
                                                zvona da zvone,
a donela Vam je, jadna, u miraz sve one teške
                                                milione?
Dragi gospodine Vasojeviću, saučestvujem
                                                u Vašoj tuzi.

III 87

Narrat te rumor, Chione, numquam esse
                                        fututam
  atque nihil cunno purius esse tuo.
Tecta tamen non hac, qua debes, parte
                                        lauaris:
  si pudor est, transfer subligar in faciem.

Ja sam čuo, Snežanice, da se ti ne jebavaš:
čistija je nego sunce, kažu, tvoja ribica.
Ali kad se umivaš, krivo mesto pokrivaš:
ako si već tako čedna, metni gaće preko lica.

X 84

  Miraris, quare dormitum non eat Afer?
    Accumbat cum qua, Caediciane, uides.

    Čudiš se zašto na spavanje
    nikad ne ide ovaj dasa.
    Sve će ti biti sasvim jasno,
    kad vidiš ženu s kojom hasa.

III 53

Et uoltu poteram tuo carere
et collo manibusque cruribusque
et mammis natibusque clunibusque,
et, ne singula persequi laborem,
tota te poteram, Chloe, carere.

Tvoga bih se lica mogao odreći,
preko tvoga vrata, ruku, nogu preći,
sisama, guzi, bokovima – »ne« reći.
I neću dalje da navodim detalje.
Cele bih te se, Olja, mogô odreći.

V 83

Insequeris, fugio; fugis, insequor. Haec mihi
                                      mens est:
uelle tuum nolo, Dindyme, nolle uolo.

Juriš me – ja te se klonim.
Bežiš mi – sad te ja gonim.
Prijatelju, takav sam ja –
Hoću tvoje »ne«, neću »da«.

VI 52

Hoc iacet in tumulo raptus puerilibus annis
  Pantagathus, domini cura dolorque sui,
nix tangente uagos ferro resecare capillos
  doctus et hirsutas excoluisse genas.
Sis licet, ut debes, tellus placata leuisque,
  arificis leuior non potes esse manu.

Nekoć radost gospodaru, a bol sad,
ovde je sahranjen Pantagatus mlad,
čija je britva veštog brice
jedva dodirujući lice
brijala brade velike i jake
a makaze šišale guste dlake.
Zemljo, priliči da mu budeš laka –
takva je bila i njegova šaka.

XII 40

Mentiris, credo: recitas mala carmina, laudo:
   cantas, canto: bibis, Pontiliane, bibo:
pedis, dissimulo: gemma uis ludere, uincor:
   res una est sine me quam facis, et taceo.
Nil tamen omnino praestas mihi. »Mortuus«,
                                          inquis,
»accipiam bene te.« Nil uolo: sed morere.

Verujem tvojim lažima, velim i malim.
Kad recituješ loše pesme, ja ih hvalim.
Pevam kad pevaš. Pijem kad se tebi pije.
Prdneš li, pravim se da niko prdnô nije.
U igri »dame« pobedu ćeš uvek steći.
Šta radiš kad nisam tu, nikom neću reći.
Ti mi ne daješ ništa – samo obećanje
da će me usrećiti tvoje zaveštanje.
    Od tebe ne želim ništa više –
    samo zaboravi kako se diše.

VI 23

Stare iubes semper nostrum tibi, Lesbia,
penem:
crede mihi, non est mentula quod digitus.
Tu licet et manibus blandis et uocibus instes,
te contra facies imperiosa tua est.

Htela bi da mi je za tebe uvek čvrst,
al' veruj, ševac nije isto što i prst.
Ne pomažu tu reči, vešte ručice,
kad je protiv tebe despotsko ti lice.

III 79

Rem peragit nullam Sertorius, inchoat
omnes:
hunc ego, cum futuit, non puto perficere.

Nijednu stvar koju počne,
on ne završi do kraja.
Sumnjam da, kada se tuca,
on isprazni svoja jaja.

I 77

Pulchre ualet Charinus et tamen pallet.
Parce bibit Charinus et tamen pallet.
Bene concoquit Charinus et tamen pallet.
Sole utitur Charinus et tamen pallet.
Tingit cutem Charinus et tamen pallet.
Cunnum Charinus lingit et tamen pallet.

    Zdravlje njega dobro služi,
    al' da je bled priča kruži.
    On retko alkohol pije,
    al' da je bled glas ga bije.
    Dobro svari obrok ceo,
    al' je ipak k'o kreč beo.
    Često sunča celo telo,
    al' ono ostaje belo.
    On rumeni kožu svoju
    što zadrži belu boju.
    Za jezik njegov zna pica;
    ipak je on bledog lica.

XI 66

Et delator es et caluminator,
et fraudator es et negotiator,
et fellator es et lanista. Miror
quare non habeas, Vaccera, nummos.

      Em si taster, em si lopov,
      drkadžija i fukara,
      hohštapler si, na sve gotov
      – pa zar ti da nemaš para?

III 90

Volt, non uolt dare Galla mihi, nec dicere
                                    possum,
quod uolt et non uolt, quid sibi Galla uelit.

Da li će mi dati Gala, ne može da se veli;
šta hoće a šta neće, šta ona u stvari želi.

II 88

Nil recitas et uis, Mamerce, poeta uideri:
    quidquid uis esto, dummodo nil recites.

Ne deklamuješ nam nikada ništa,
a hoćeš da budeš smatran poetom.
Budi, prijatelju, šta god zaželiš,
samo ništa ne recituj pred svetom.

III 85

Quis tibi persuasit naris abscidere moecho?
    non hac peccatum est parte, marite, tibi.
Stulte, quid egisti? nihil hic tibi perdidit uxor,
    cum sit salua tui mentula Deiphobi.

Ko ti je takav savet dao,
pa si švaci nos odsekao?
Pa nije taj organ, kretenu,
opsluživao tvoju ženu.
Njoj je ostao užitak sav
– jer je kurac tvog Dejfoba zdrav.

XI 97

Vna nocte quater possum: sed quattuor annis
si possum peream, te Telesilla semel.

U jednoj noći četiri puta nije mi mnogo.
Al' s tobom u čet'ri leta, ne bih ni jednom
                                                      mogô.

VIII 84

Oplomachus nunc es, fueras opthalmicus
                                                      ante.
  Fecisti medicus quod facis oplomachus.

            Sad si postao gladijator.
            Nekad si bio okulista.
            Promenio si zanimanje,
            ali rabota osta ista.

IV 84

Non est in populo nec urbe tota
a se Thaida qui probet fututam,
cum multi cupiant rogentque multi.
Tam casta est, rogo, Thais? Immo Fellat.

    Niko nema dokaza da ju je kresnô.
    Ne, nema u celom gradu takvog lafa.
    Ipak je mnogi traže i za njom čeznu.
    Zar je tako čedna? O ne, ona fafa.

IV 17

Facere in Lyciscam, Paule, me iubes uersus,
quibus illa lectis rubeat et sit irata.
O Paule, malus es: irrumare uis solus.

    Pavle, ti neprestano dosađuješ meni
    da napišem takve stihove o Mileni
    zbog kojih će ona da besni i crveni.
    Pavle, Pavle, pa ti si stvarno jedna zlica.
    Hočeš da samo tebi puši ova pica.

II 7

Declamas belle, causas agis, Attice, belle;
  historias bellas, carmina bella facis;
componis belle mimos, epigrammata belle;
  bellus grammaticus, bellus es astrologus,
et belle cantas et saltas, Attice, belle;
  bellus es arte lyrae, bellus es arte pilae.
Nil bene cum facias, facias tamen omnia
                                        belle,
  uis dicam quid sis? Magnus es ardalio.

    Ti govoriš lepo na svakakve teme,
    ti lepo pišeš istoriju,
    ti stvaraš drame i epigrame,
    stihovi tvoji sami se viju,
    znaš i padeže i kvantitete,
    magline, zvezde i planete,
    kad plešeš, kao da imaš krila,
    muzičar, sportista velikog stila.
    Sve je to lepo, sve je to krasno,
    al' dobro nije ništa od toga.
    Sad ću reći jasno i glasno:
    Ti zapravo kradeš dane od Boga.

XII 61

Versus et breue uiuidumque carmen
in te ne faciam times, Ligurra,
et dignus cupis hoc metu uideri.
Sed frustra metuis cupisque frustra.
In tauros Libyci ruunt leones,
non sunt papilionibus molesti.
Quaeras censeo, si legi laboras,
nigri fornicis ebrium poetam,
qui carbone rudi potrique creta
scribit carmina quae legunt cacantes.
Frons haec stigmate non meo notanda est.

Bojiš me se šatro, gulanferu jedan,
da te ne zajebem u tri-četri reči.
U stvari se nadaš da si pesme vredan,
ne znaš da će čisti prezir da me spreči.
Ti si bedan ulov za ovakvog lava,
al' ako baš čezneš da te stigne slava,
nađi neku šljokaru, propalog poetu
što parčetom krede il' smrdljivim blatom
piše svoje pesmice po javnom klozetu:
ja te ne bih taknuo ni švajs-aparatom.

IV 87

Infantem secum semper tua Bassa, Fabulle,
  conlocat et lusus deliciasque uocat,
et, quo mireris magis, infantaria non est.
  Ergo quid in causa est? Pedere Bassa solet.

Uvek je neki klinac kraj žene tvoje.
Ona mu tepa, zove ga »zlato moje«.
Čudno, jer nije sklona da decu čuva.
Pa u čemu je stvar? Ona često puva.

II 82

Abscisa seruom quid figis, Pontice, lingua?
  Nescis tu populum, quod tacet ille, loqui?

Što si robu jezik odsekao
pa ga onda na krst prikovao?
To što sada on, mučenik, ćuti
od svakoga drugoga ćeš čuti.

III 54

Cum dare non possim quod poscis, Galla, rogantem,
multo simplicius, Galla, negare potes.

Stvarno mi dosta love fali
da za snoškicu platim Gali.
Pa će biti mnogo lakše sve,
da mi, kad zatražim, kaže »ne«.

XII 20

Quare non habeat, Fabulle, quaeris
uxorem Themison? Habet sororem.

Što se Peca ne ženi nije jasno svima.
A što i da se venčava kad sestru ima.

II 20

Carmina Paulus emit, recitat sua carmina
                                        Paulus.
Nam quod emas possis iure uocare tuum.

On kupi pesme pa ih kô svoje čati.
To što kupiš možeš s pravom svojim zvati.

XII 26/27

A latronibus esse te fututam
dicis, Saenia: sed negant latrones.

Da su te jebali lopovi, pričaš priču.
Samo što tvoju priču lopovi poriču.

III 94

Esse negas coctum leporem poscisque
                                   flagella.
Mauis, Rufe, cocum scindere quam
                                   leporem.

Šta kažeš, domaćine? Ova zečetina je presna?
Tvome kuvaru koža ima da bude tesna
kada kamdžija počne po leđima da ga seca!
Slađe je tebi da odereš kuvara nego zeca.

VII 75

Vis futui gratis, cum sis deformis anusque.
  Res perridicula est: uis dare nec dare uis.

Ti bi da se jebeš džaba,
premda si ružna i baba.
   Cela priča ova,
   zasmeje me snova:
   hoćeš da se faćaš,
   a nećeš da plaćaš.

XI 30

Os male causidicis et dicis olere poetis:
sed fellatori, Zoile, peius olet.

Da ni advokatu, ni poeti
iz usta ne miriše, on tvrdi.
Samo što svako lako oseti,
da pušikari još više smrdi.

II 49

Vxorem nolo Telesinam ducere: quare?
Moecha est. Sed pueris dat Telesina: uolo.

Zašto ne želiš da oženiš nju?
Zato što neću preljubnicu tu.
Al' s mladim se robovima prca!
E onda je uzimam od srca.

X 43

Septima iam, Phileros, tibi conditur uxor in
agro:
plus nulli, Phileros, quam tibi reddit ager.

U svoju njivu već sedam žena zakopô si.
Tebi više no ikom zemlja plodova nosi.

X 91

Omnes eunuchos habet Almo, nec arrigit
ipse:
et queritur pariat quod sua Polla nihil.

Taj je čovek impotentan
i sve sam ga evnuh služi.
A da mu žena ne rađa,
on je drzak da se tuži.

VIII 79

Omnes aut uetulas habes amicas
aut turpes uetulisque foediores.
Has ducis comites trahisque tecum
per conuiuia, porticus, theatra.
Sic formosa, Fabulla, sic puella es.

S kim to hodaš, koga vučeš, devojčice,
i na cirku, i na svirku, i na žurku?
Sve krntiju, sve matoru neku ćurku,
ili mlade pa rošave, nakazice.
   Tu izgledaš najslađa,
   tu se činiš najmlađa.

XI 85

Sidere percussa est subito tibi, Zoile, lingua,
dum lingis. Certe, Zoile, nunc futues.

Jezik ti za vreme picoliza,
odjednom zauzda paraliza.
   Od sada ćeš bar
   da koristiš kar.

I 107

Saepe mihi dicis, Luci carissimo Iuli,
  »Scribe aliquid magnum: desidiosus homo
                                        es.«
Otia da nobis, sed qualia fecerat olim
  Maecenas Flacco vergilioque suo:
condere uicturas temptem per saecula curas
  et nomen flammis eripuisse meum.
In steriles nolunt campos iuga ferre iuuenci:
  pingue solum lassat, sed iuuat ipse labor.

Prebacuješ mi da sam lenj, najdraži moj:
»Velikim delom opravdaj talenat svoj!«
Daruj mi pokoj i dokolicu onu
što Mecena dade Flaku i Maronu,
pa da pokušam da stvorim takvo delo
po kojem će me svi pamtiti zacelo.
Neplodna polja junci neće da oru;
plodna umore, al' je slast u naporu.

XI 104

Vxor, uade foras aut moribus utere nostris:
  non sum ego nec Curius nec Numa nec
                                          Tatius.
Me iucunda iuuant tractae per pocula noctes:
  tu properas pota surgere tristis aqua.
Tu tenebris gaudes: me ludere teste lucerna
  et iuuat admissa rumpere luce latus.
Fascia te tunicaeque obscuraque pallia celant:
  at mihi nulla satis nuda puella iacet.
Basia me capiunt blandas imitata columbas:
  tu mihi das auiae qualia mane soles.
Nec motu dignaris opus nec uoce iuuare
  nec digitis, tamquam tura merumque pares:
masturbabantur Phrygii post ostia serui,
  Hectoreo quotiens sederat uxor equo,
et quamuis Ithaco stertente pudica solebat
  illic Penelope semper habere manum.
Pedicare negas: dabat hoc Cornelia Graccho,
  Iulia Pompeio, Porcia, Brute, tibi;
dulcia Dardanio nondum miscente ministro
  pocula Iuno fuit pro Ganymede Ioui.
Si te delectat grauitas, Lucretia toto
  sis licet usque die, Laida nocte uolo.

Ženo, idi iz kuće il' mi se pokoravaj doveka!
Ja nisam, kao Numa, tip suviše moralnog
                                čoveka.
Meni je svaka noć bez vina nevesela –
ti čim popiješ vode, u krevet bi htela.
Tebi mrak prija; ja volim lampu kao svedoka
ili prvu svetlost dana, kad te tucam s boka.
Čas tunika, čas kakav palij tvoju nagost krije;
meni ni devojka gola dovoljno gola nije.
Kad me ljubiš, voleo bih da si kao grlica
                                  neka;
al' istim poljupcem daruješ i babu i svog
                                čoveka.
U krevetu si nema i nepokretna. Prstima ne
                              činiš ništa fino.
Baš kao da si sveštenica koja nudi tamjan
                                i čisto vino.
Robovi su Frižani masturbirali ispred vrata,
dok je Andromaha jahala Hektora, svoga ata.
I iako je čestitost Penelope čuvena, imaj
                                u vidu
da je, dok Odisej hrkaše, držala ruku na
                                njegovom stidu.
Nipošto ne želiš da mi se podaješ otpozadi,
a mnoga stara rimska matrona to s voljom
                                radi.
I Junona se Jupiteru tako davala često,
pre nego što je Ganimed zauzeo njeno mesto.
Ako hoćeš – budi čedna Lukrecija preko
                                dana;
ali noću mi je potrebna Laida kurtizana.

XII 86

Triginta tibi sunt pueri totidemque puellae:
una est nec surgit mentula. Quid facies?

Ti poseduješ trideset dečkića
i imaš isto toliko pičića.
Al' šta ćeš, kad s kitom imaš problema?
Em je jedna, em erekciju nema.

XI 103

Tanta tibi est animi probitas orisque, Safroni,
ut mirer fieri te potuisse patrem.

U duši si zaista pošten mnogo,
a valjanost ti se na licu čita.
Kako si da postaneš otac mogô,
čovek se čudi i čovek se pita.

VI 31

Vxorem, Charideme, tuam scis ipse sinisque
a medico futui: uis sine febre mori.

Znaš da ti se oko žene lekar vrti
i ništa ne preduzimaš kad je trti.
Hoćeš da bez groznice dopadneš smrti!?

III 83

Vt faciam breuiora mones epigrammata,
                                    Corde.
»Fac mihi quod Chione«: non potui breuius.

Pesma slatka mora biti kratka?
Skini gaće. Nisam mogô kraće.

I 73

Nullus in urbe fuit tota qui tangere uellet
  uxorem gratis, Caeciliane, tuam,
dum licuit: sed nunc positis custodibus
                                  ingens
  turba fututorum est: ingeniosus homo es.

    Sve dok je bilo slobodno i badava,
    baš niko u gradu da ti ženu takne
    nije hteo. Boro, pametna si glava:
    otkad straže stoje, svak bi da je akne.

II 52

Nouit loturos Dasius numerare: poposcit
  mammosam Spatalen pro tribus; illa dedit.

    Prodavac karata na bazenu
    ume da odmeri dotičnu ženu
    i da joj odrapi pravednu cenu.
    Došla, na primer, sisata Zora:
    on reče da trostruko platiti mora,
    a Zora mu dade bez pogovora.

X 90

Quid uellis uetulum, Ligeia, cunnum?
quid busti cineres tui lacessis?
tales munditiae decent puellas –
nam tu iam nec anus potes uideri –;
istud, crede mihi, Ligeia, belle
non mater facit Hectoris, sed uxor.
Erras si tibi cunnus hic uidetur,
ad quem mentula pertinere desît.
Quare si pudor est, Ligeia, noli
barbam uellere mortuo leoni.

Zbog čega čupkaš sede picine dlake?
Zašto duvaš u pepeo svoje rake?
Tako treba da se picne cura mlada,
a ne neka baba kakva si ti sada.
To što je lepo na Hektorovoj ženi,
ne stoji njegovoj majci, veruj meni.
Mnogo grešiš ako ti se picom čini
ono u šta kita odbija da slini.
Pa, ako imaš stida, pamet u glavu:
nemoj da čupaš bradu mrtvome lavu!

III 55

Quod, quacumque uenis, Cosmum migrare
                                    putamus
  et fluere excusso cinnama fusa uitro,
nolo peregrinis placeas tibi, Gellia, nugis.
  Scis, puto, posse meum sic bene olere
                                    canem.

    Kad god prođeš, kô da se seli Misoni
    i kao da se iz boce mošus roni.
    Te uvozne trice ne koristi više!
    I moj pas može tako lepo da miriše.

III 98

  Sit culus tibi quam macer, requiris?
  pedicare potes, Sabelle, culo.

    Hteo bi da doznaš, dragi Dane,
    koliko ti je smršala bulja?
    U dupe bi drugo da se ušulja
    mogla, da tu opali neko tane.

XII 78

Nil in te scripsi, Bithynice. Credere non uis
et iurare iubes? Malo satisfacere.

Ništa nisam pisao o tebi:
što se buniš ne mogu da shvatim.
Da se kunem pred sudom? Zajebi,
biće bolje da ti odmah platim.

I 118

Cui legisse satis non est epigrammata
centum,
nil illi satis est, Caediciane, mali.

Kome zezanja nije dosta ni kad se pređe
stotka,
za njega nisu epigrami – tu pomaže jedino
motka.

XI 71

Hystericam uetulo se dixerat esse marito
　et queritur futui Leda necesse sibi;
sed flens atque gemens tanti negat esse
　　　　　　　　　　　　　　　salutem
　seque refert potius proposuisse mori.
Vir rogat ut uiuat uirides nec deserat annos,
　et fieri quod iam non facit ipse sinit.
Protinus accedunt medici medicaeque
　　　　　　　　　　　　　　　recedunt,
　tollunturque pedes. O medicina grauis!

Jednoga dana Rada reče svom mužu, sedoj
　　　　　　　　　　　　　　　glavi,
　da, veselnica, od histerije pati,
　te da je neophodno da se u promet stavi.
　Ali onda uzdišući i plačući izjavi
　da će pre umreti nego drugom dati.
　Muž joj reče da čuva godine mlade
　i za lečenje svoju dozvolu dade.
Doktorke klisnu, al' dođe nekoliko lekara-
　　　　　　　　　　　　　　　momaka –
Pa Radi digoše noge. O, medicino teška i jaka!

VI 54

Tantos et tantas si dicere Sextilianum,
 Aule, uetes, iunget uix tria uerba miser.
»Quid sibi uult?« inquis. Dicam quid suspicer
 esse.
 Tantos et tantas Sextilianus amat.

Kad bi neko jednom Bori
zabranio da govori
ono svoje glupo »ovaj«
 ili »onaj«,
nastala bi grozna zbrka,
bila bi mu žešća frka:
on ne može ni bez ovog
 ni bez onog.

MARCIJAL I NJEGOVE PESME

Kad bi se, do pre sedamdesetak godina, Evropljanin našao u situaciji da izusti imena nekolicine najpoznatijih rimskih pesnika, u tom bi se nizu najpre našla trojica neprikosnovenih – Vergilije, Horacije, Ovidije – a potom bi se pomenuo Tibul, možda Katul, možda Propercije. Ako danas postavimo slično pitanje, mlad čovek većinom neće odgovoriti ništa, ali će se bivši đaci klasičnih gimnazija često setiti jednog pesnika koji je svojevremeno uneo nešto radosti u nevesele latinske čitanke. Oni pamte da je to bio Marcijal.

Čime ih je Marcijal obradovao i zašto su u svom pamćenju, koje vremenom biva sve izbirljivije, sačuvali mesto za ovog pesnika? Postoji brz i jednostavan odgovor: njegove pesme bilo je lako pročitati, one su bile kratke i ponekad duhovite. Tajna i jeste u tome – o Marcijalu se može imati jedinstven i lako pamtiv pojam, baš kao što se za Lafontena odmah prisećamo da je pisao basne, a za Petrarku istog časa vezujemo sonete. Pažljiviji pogled otkriće, međutim, da Marcijalove pesme nisu uvek nalik jedna na drugu.

Kao i neke druge antičke književne vrste, epigram je tvorevina koju nije lako definisati. Ne može se reći da je on slabo prepoznatljiv, naprotiv; ali iza tog praktičnog identiteta krije se pojam u kojem su kriterijumi forme i sadržine takoreći pobrkani. U početku je epigram bio ono što mu samo ime kaže, tj. natpis: natpis na grobu, na kipu, na hramu, na umetnički izrađenom predmetu koji se davao na poklon, pogotovo ako je to bio zavetni dar bogovima. Jezik tih najstarijih epigrama veoma je jednostavan: nema pesničkih ukrasa, reči su svakodnevne i ne sudaraju se na neočekivan način, rečenični sklop je takođe sasvim običan. Gotovo bismo rekli da tu nema ničeg od pesništva – osim onog najupadljivijeg svojstva poezije: naime, već najstariji epigrami vrlo su često napisani u stihu.

U novoj i presudnoj fazi, kada se epigram bude odvojio od materijalnih predmeta i počeo postojati za sebe, metar će postati njegova prva i obavezna karakteristika. Biće to nešto poput proze u stihu: epigrami koji se pripisuju Simonidu vredni su divljenja upravo zato što njihov pesnik nije za sebe tražio nikakve »pesničke slobode«, već je pisao misaono najuzvišenije, ali jezički najprostije rečenice, ne premeštajući ni jednu jedinu reč, ne dodajući i ne oduzimajući ništa radi stiha. Ova cenjena veština kasnije je prešla granice matičnog žanra i naročito se vezala za rimsku satiru. Iza svake stranice *Razgovora* kao da stoji njihov podsmešljivi autor Horacije, čekajući kada će čitalac primetiti da je sve to, valjda slučajno, napisano u heksametru.

Odvojen od prvobitne podloge, epigram je brzo osvojio raznovrsne teme. Prestajući da bude natpis koji će svako čitati, on se jače vezao za svog autora i njegov svakodnevni život – život helenističkog pesnika-naučnika koji piše o svojim prijateljima i za njih, o svojim pravim ili izmišljenim ljubavima, o sitnim događajima i razgovorima. Takav pesnik, ako tuguje, smišlja epigram; kad pije, čini to isto; on se sveti epigramom, šalje poklone uz epigrame, epigram je njegova zahvalnost, njegov kompliment ili gnušanje. Zato se helenistički epigram, svojevremeno sakupljen u Meleagrovu antologiju zvanu *Venac*, ne može definisati po sadržini. To je pesma o bilo čemu, ali uvek promišljena tako da u njoj svaka reč bude na mestu, te da se misao iskaže u svom najčistijem i najkraćem obliku. Ispod jednostavnosti izraza i prirodnosti stiha, pažljiv i osetljiv čitalac otkriće da u takvoj pesmi ništa nije slučajno: misao će proteći brzo i lako, ni jedna reč neće zazvučati ni pogrešno ni suvišno. Dopadao mu se dotični epigram ili ne, čitalac neće biti u stanju da u njemu podvuče ovo ili ono mesto, ukazujući da *to* kvari pesmu. Zaista, ima epigrama čija sva slava počiva na nepogrešivosti: čuveni Katulov distih *Mrzim i volim* nije nikakva originalna misao, ali mu je nemoguće pripisati kakvu određenu manu; a ko bude pokušao da ga prevede, moraće se najpre odreći jedne fine i iznad svega neusiljene igre dvema latinskim rečima u prvom i drugom stihu, a zatim odbaciti sva metrička pomagala, jer je kod Katula red reči nepromenljen i nikakvog poštapanja nema.

U ovoj igri skrivanja i otkrivanja epigram je, naravno, težio ka izražavanju svega neočekivanog – što se na logičkom planu odražava kao antiteza. U daljem razvoju, vidljivom u drugoj grčkoj antologiji, Filipovom *Vencu*, antitetičnost se prirodno zaoštrila u poentu. Sticajem okolnosti, epigrami ovog tipa sačuvani su u neuporedivo većem broju na latinskom jeziku, i to pod imenom jednog jedinog pesnika – Marcijala. Kao i pesme njegovih grčkih savremenika i uzora, Marcijalovi epigrami su dosetke u pravom smislu reči. Ozbiljni ili šaljivi, uzvišeni ili vulgarni, oni su listom usmereni na završni stih; ta poenta može, opet, izazvati smeh ili sažaljenje, divljenje ili gađenje, ali njen mehanizam uvek je mehanizam iznenađenja.

Korpus Marcijalovih epigrama obuhvata ukupno petnaest knjiga. Dve poslednje knjige nose posebne naslove *Xenia* i *Apophoreta* (one bi se, Vukovim jezikom, mogle zajednički zvati *Jabuke*, tj. darovi koje domaćin daje gostima), a sadrže po stotinu i dvadesetak distiha kojima su tema razna jela i pića, odnosno predmeti – sapun, češalj, suncobran, srp, svetiljka, knjiga ovog ili onog pisca. Sam pesnik to zove »trice i kučine, ili nešto još jevtinije«, nešto što knjižar Trifon prodaje za četiri novčića, »a može i za dva«. Na samom početku korpusa nalazi se kratka *Knjiga cirkuskih igara*, izdata 80. godine povodom svečanog otvaranja Koloseuma. Tu Marcijal nalazi uvek nove načine da polaska caru i pohvali nove predstave, sjajnije od svih prethodnih.

Centralni deo Marcijalovog korpusa sačinjavaju dvanaest knjiga epigrama: jedanaest objavljenih u Rimu između 86. i 98. godine, i jedna, poslednja, napisana pošto se pesnik nakon trideset četiri godine života u Rimu vratio u Španiju, u svoj rodni grad Bilbilis. Svaka od tih dvanaest knjiga je posebna zbirka pesama, posebno izdanje započeto kratkim predgovorom u stihu ili u prozi, i zaključeno epigramom pisanim specijalno za kraj. Unutar knjige vlada nameran haos. Opet je to slika pesnikovog života: Marcijal je u Rimu popularan pridošlica, s ogromnim brojem poznanika, pa i prijatelja iz svih društvenih slojeva, čovek koji je sagledao život grada od vrha do dna. Njega je poznavao i sam Domicijan – otuda u Marcijalovim zbirkama tolike laskave pesmice za cara. Naravno da poznije generacije, sve do naših dana, teško podnose tu udvoričku poeziju. Za pesnika-ulizicu istorija ne može izneti nikakvo opravdanje, ali može dati objašnjenje: ako uočimo da Marcijal ličnostima koje se zgražaju na njegove epigrame prišiva kolektivno ime Katon, shvatićemo da on nije od onih koji su čeznuli za starim vremenima i građanskom slobodom pod okriljem moćnog senata. Naprotiv, za svoj život u Rimu, za svoj »hlebac bez motike« on je imao zahvaliti upravo carskom režimu. Ono što su senatori tacitovske pameti doživljavali kao krvavu dekadenciju, Marcijal je nužno video kao otvoren i šarolik svet čiju dinamiku valja iskoristiti. »Epigrami se«, kaže on, »pišu za one koji vole da gledaju Florine igre« – to će reći bestidne pozorišne predstave u čast drevnog božanstva, predstave na koje pristojan svet nije odlazio. Njihov današnji pandan nipošto nije kabare, nego najtvrđa pornografija, te zato ne vredi pripisivati Marcijalovoj opscenosti nikakve moralističke crte, čak ni onda kad se za izopačenost nađu reči osude. I današnji sadomazohistički stripovi uvek se završavaju zasluženom kaznom, ali niko neće tvrditi da se oni čitaju radi moralne pouke.

Bilo kako bilo, Marcijalovi epigrami su autentičan opis rimskog života. Kršeći pravila decentne retorike, koja čak i za manje vulgarne stvari izbegava prejake izraze, Marcijal već na jezičkom planu uzima sebi punu slobodu, a svako ograničenje naziva lažnom potuljenošću koja čoveku zabranjuje da govori latinski. S istom slobodom on se okretao svakakvim temama. Otuda se njegovi epigrami čitaju kao vodič kroz Rim, na čijim se ulicama sreću trgovci i berberi, robovi i bogataši, filozofi, lake žene, samozvani pesnici, paraziti i lovci na nasledstva. Marcijalov svet je svet tipova: uhvaćene u karakterističnoj pozi, njegove ličnosti nose izmišljena imena ne samo kao pečat vremena u kojem nije dozvoljena lična invektiva, već i kao znak svoje zabrinjavajuće univerzalnosti.

Kada smo se prihvatili prevođenja Marcijalovih pesama, pustili smo da nas vode ove bitne činjenice. Bežeći od besmislene slike kakvu bi pružala knjiga dosetki s objašnjenjima, bili smo prinuđeni da odbacimo svaki epigram koji ne bi bio neposredno razumljiv današnjem čitaocu. Takvih pesama veoma je mnogo, jer se Marcijal kao obrazovan umetnik rado vraćao na tradicionalne teme grčke epigramatike i pri tom rukovao mitološkim, istorijskim i književnim aparatom s lakoćom kakvu je očekivao i od čitaoca. Tako je u našem izboru erotski epigram odneo potpunu prevagu nad ostalim vrstama, i morali smo se pomiriti s činjenicom da su najelementarnije stvari ujedno i najuniverzalnije. S druge strane, od izabranih epigrama često smo ostavljali samo logički kostur, zamenjujući imena, profesije i situacije onako kako se to dešava u šalama koje putuju iz zemlje u zemlju, iz epohe u epohu. Na kraju smo sastavili zbirku, trudeći se da ona i po dužini i po preskakanju s jedne teme na drugu podseti na neku od Marcijalovih knjiga. Originalni tekst epigrama koji donosimo očito neće biti dokaz vernosti: naprotiv, on treba da dopuni našu sasvim slobodnu interpretaciju. Recimo najzad da ova knjiga nipošto ne ukida potrebu za celovitim, dobro komentarisanim izdanjem Marcijalovih epigrama i njihovog vernog prevoda. Naša namera ni u jednom času nije bila da se tom tipu izdanja približimo. Kao i drugi veliki pesnici, Marcijal zahteva rad u više pravaca i u više navrata, onako kako je Plinije Mlađi nesvesno prorekao: »Njegove pesme po svoj prilici neće biti večne, ali on ih je pisao kao da hoće.«

V. N.

RAD
Beograd
Moše Pijade 12

*

Za izdavača
Milovan Vlahović

*

Glavni i odgovorni urednik
Dragan Lakićević

*

Lektor
Milivoj Srebro

*

Tehnički urednik
Jarmila Avdalović

*

Korektor
Miroslava Stojković

*

Nacrt za korice
Janko Krajšek

*

Štampano
u 6.000 primeraka

*

Štampa
ČGP DELO
Ljubljana, Titova 35

CIP – Каталогизација у публикацији
Народна библиотека Србије, Београд

871-193

МАРЦИЈАЛ, Марко Валерије
    Epigrami / M. Valerije Marcijal ; [izbor i prevod Gordan Maričić, Vojin Nedeljković]. – Beograd : Rad, 1990 (Ljubljana : Delo). – 77 str. ; 19 cm. – (Biblioteka »Reč i misao« ; knj. 434)

Prevod dela: Epigrammes / Marcus Valerius Martialis. – Tiraž 6000. – Str. 73–77: Marcijal i njegove pesme / V. [Vojin] N. [Nedeljković].

ISBN 86-09-00262-4

ISBN 86-09-00262-4

www.ingramcontent.com/pod-product-compliance
Lightning Source LLC
LaVergne TN
LVHW020059090426
835510LV00040B/2645